ROUTES AFRICAINES

MOYENS DE TRANSPORT

CARAVANES

Mémoire extrait d'un ouvrage inédit sur le Désert et le Soudan,

PAR

M. le comte D'ESCAYRAC DE LAUTURE,
Membre de la Société de géographie ;

ET LU A L'ASSEMBLÉE GÉNÉRALE DU 22 AVRIL.

PARIS.

IMPRIMERIE DE L. MARTINET,
RUE MIGNON, 2.

1853.

ROUTES AFRICAINES,
MOYENS DE TRANSPORT, CARAVANES.

MÉMOIRE EXTRAIT D'UN
OUVRAGE INÉDIT SUR LE DÉSERT ET LE SOUDAN.

—

PREMIÈRE PARTIE.

Routes africaines.

La direction suivie par les caravanes dans le Désert est déterminée par la situation des puits; elles n'atteignent donc généralement pas le but de leur voyage en suivant une ligne droite, mais après avoir parcouru une série de routes faisant toutes des angles plus ou moins considérables avec ce qu'on pourrait nommer la moyenne générale de direction.

On comprendra donc que le temps nécessaire pour se rendre d'un point à un autre est beaucoup moins déterminé par la distance à vol d'oiseau qui sépare ces deux points, que par le nombre et la situation des aiguades qui se trouvent entre eux.

On comprendra aussi que, dans une région bien arrosée, telle que le Belad-el-Djerid ou le Désert épineux, qui forme la lisière du Soudan, une même distance sera parcourue en moins de temps que dans le Sahara ou le désert de Libye, la route suivie pouvant, dans le premier cas, se rapprocher bien plus de la ligne droite.

C.

Enfin, les voyageurs accompagnés seulement d'une escorte, les courriers, etc., possédant sur les grandes caravanes le remarquable avantage d'aller plus vite et d'avoir besoin de moins d'eau, peuvent dès lors traverser en ligne droite de vastes espaces, des plateaux arides que les caravanes doivent contourner, et, gagnant ainsi sur le temps et sur la distance, ils atteignent le but bien plus tôt et avec beaucoup moins de fatigue.

D'après ce que je viens de dire, une route africaine présente, au point de vue théorique, une moyenne générale de direction qui n'est autre que le rumb de vents qui unit le point de départ au point d'arrivée; — dans la pratique, un certain nombre de routes partielles, qui sont les rumbs de vents tirés d'un puits à un autre.

La connaissance d'une route comprendra donc :

1° La connaissance de la direction et de la longueur des routes partielles dont elle se compose, comparable à la navigation en pleine mer;

2° La connaissance du voisinage et des abords des puits, nécessaire pour corriger à temps les erreurs de direction commises pendant la marche : c'est la reconnaissance des côtes, le pilotage.

Si quelquefois, en effet, une ligne de dunes, quelques sommets pierreux, de lointaines montagnes, peuvent servir de points de repère, le Désert n'offre cependant en général aux regards rien de saillant : c'est une plaine immense dont l'horizon s'arrondit comme celui de la mer, et qui présente partout le même aspect, la même monotonie. Aucune route ne s'y trouve indiquée; les traces fugitives des caravanes disparaissent

dès que le vent s'élève, et les voyageurs qui compte-
raient sur ces traces pour retrouver leur chemin cour-
raient grand risque de s'égarer et de périr. Les accidents de terrain qui marquent souvent le voisinage
des puits, l'humidité du sol, les circonstances locales
qui en indiquent l'approche, doivent être connues des
guides ; mais on ne pourrait exiger d'eux la reconnaissance détaillée d'une route de trois cents lieues d'une
désespérante uniformité, et dont quelques accidents
même, tels que les dunes, varient parfois d'aspect et
de position d'une année à l'autre.

Le *khabir* ou guide, obligé de chercher son point de
direction en dehors du terrain qu'il parcourt, ne se
sert pas toutefois de l'aiguille aimantée, en dépit de la
générosité de tant d'écrivains qui lui prêtent si gratui-
tement l'usage du compas ; le Bédouin n'en a absolument aucune idée : l'emploi, d'ailleurs, n'en serait pas
aussi facile qu'on semble le croire ; il ne suffirait pas
de le regarder de temps à autre, il serait nécessaire de
l'avoir sans cesse sous les yeux ; il faudrait que le guide,
aussi attentif à ses indications que le timonier d'un
navire, le tînt devant lui, l'enfermât en avant de la selle
de son dromadaire, dans quelque appareil imitant les
habitacles de la marine, et n'en détournât jamais ses
regards. Outre que l'esprit rêveur d'un Arabe ne serait
pas à la hauteur de cette mission ingrate, on voit qu'il
se trouverait dans la pratique plus d'une difficulté sérieuse ; aussi n'est-ce pas sur l'aiguille aimantée que
le khabir règle sa marche, et le sol n'offre à son attention aucun indice propre à le guider ; il trouve dans le
ciel, dont il a acquis une profonde expérience, plus de
points de repère qu'il n'en a besoin.

Il sait à chaque heure de la nuit quelle est la situation respective de toutes les étoiles ; il connaît par leur
nom la plupart d'entre elles. La polaire lui montre le
nord, telle étoile rapprochée du pôle sud le conduit à
tel endroit, car il sait de combien de degrés il doit à
chaque heure de la nuit la laisser sur sa droite ou sur
sa gauche, pour suivre une ligne qui soit parfaitement
droite.

Le soleil lui montre sa route pendant le jour ; il sait
en apprécier la déclinaison et varier, suivant l'époque
de l'année à laquelle il se trouve, l'angle que sa marche
doit faire avec cet astre. Pour aller maintenant de tel
point à tel autre, il faut, dira-t-il, garder le matin le
soleil dans la direction de l'œil droit, et conserver
après midi l'ombre de son corps sur la même ligne.

Les guides ont une telle habitude de se conduire
ainsi, qu'ils font rarement sur une route de plusieurs
lieues une erreur qui soit appréciable. Les erreurs
d'un côté corrigent d'ailleurs celles de l'autre, et si le
khabir venait à succomber au sommeil, les gens de la
caravane, qui dès le premier moment ont reconnu le
point de direction, s'apercevraient assez tôt du résultat
de son inattention ou de son assoupissement pour se
remettre d'eux-mêmes dans la bonne voie.

On comprend du reste que le guide ait besoin d'un
ciel pur et d'un temps magnifique ; mais il est rare que
cette condition ne soit pas remplie dans le Désert. Si,
par hasard, le temps se trouvait pluvieux ou couvert,
la caravane serait dans la même situation qu'un navire
qui, surpris par des brouillards dans le voisinage des
terres, est obligé de gagner le large ou de mettre en
panne pour attendre le retour du beau temps. La ca-

ravane gagnerait, pour ainsi dire, le large, si, craignant d'être arrêtée trop longtemps, elle regagnait, à l'aide de ses propres traces, sa dernière aiguade.

Du reste, le guide joint à la connaissance du ciel celle des traits principaux du Désert, et il se présente bientôt quelque accident de terrain qui, mieux que le chronomètre et le sextant, lui fait savoir où il est et lui montre le chemin qu'il lui reste à faire.

Le Bédouin ne se préoccupe pas plus des montres que des boussoles ; il ne divise pas la journée en heures et en minutes, mais il sait toujours, à la hauteur du soleil, à la position des étoiles, combien le jour ou la nuit doivent encore durer.

Lui demande-t-on, par exemple, combien il faut de temps pour se rendre de tel lieu à tel autre, il tend le bras vers le point du ciel où se trouve le soleil, et, l'inclinant lentement dans le sens de la marche apparente de cet astre, il répond : « Si tu pars maintenant, tu arriveras lorsque le soleil aura atteint ce point-là. » Quelquefois aussi, mais plus rarement, l'Arabe, au lieu de mesurer le temps par l'observation directe de l'ascension du soleil, en rapporte la marche à la longueur des ombres, mais non à leur direction, ce qui exigerait la détermination de la méridienne ; il répondra en ce cas à la question posée tout à l'heure : « Si tu pars alors que ton ombre avant midi sera égale à deux fois ta hauteur, tu arriveras au moment de l'après-midi où elle mesurera trois fois et demie cette même hauteur. » Il se trompe rarement de dix minutes dans ces calculs, qui sont toujours le résultat d'une longue expérience.

On sait que la tradition musulmane exige, pour la

détermination du temps, l'observation matérielle, et n'admet, pour y concourir, ni le calcul, ni les auxiliaires mécaniques. Le Rhamadan commence dès que la nouvelle lune de Rhamadan est signalée : les almanachs ne sont jamais consultés à cet égard : les horloges ne le sont pas davantage pour la prière dans les mosquées ; le cadran solaire les y remplace, et, à défaut de cadran solaire, la longueur des ombres en fixe le moment, d'une manière beaucoup plus conforme à la tradition, que ne peuvent le faire les montres et les tables calculées, qui, pour chaque mois de l'année, rapportent les heures indiquées par la montre aux instants auxquels doivent avoir lieu les prières.

La prière de l'*Aser* est celle dont le moment se détermine le mieux par la mesure des ombres. D'après le rite *chafey*, et en général pour tous les rites, l'Aser commence au moment où l'ombre d'un homme atteint la longueur de douze de ses semelles ou devient égale à deux fois la hauteur de son corps.

Puits.

Les aiguades du Désert, quoique connues sous le nom de puits (*bir*, *biar*), n'en présentent pas toujours le caractère : le plus souvent, dans la région des pluies hivernales (*Belad-el-Djerid*), et dans celles des pluies estivales (Soudan), ce sont des flaques d'eau, de vastes réservoirs, des bassins naturels, où l'eau, tantôt se maintient pendant les premiers mois seulement de la saison sèche (*foula*), tantôt se conserve toujours (*birket*). C'est dans la partie déserte et sèche de l'Afrique, dans le Désert, qu'existent surtout les véritables puits. Le nomade du Sahara n'a pas besoin de

creuser à une grande profondeur les plaines sablon-
neuses et basses, à la surface desquelles il promène
ses troupeaux. Grâce à la présence de grands lacs sou-
terrains, de bassins artésiens fort étendus, l'eau s'y
rencontre assez fréquemment à quelques mètres ; elle
jaillit même dans quelques oasis.

Beaucoup de ces puits sont tenus secrets par les nomades qui les ont créés. Diodore de Sicile rapporte,
d'après Agatharchides de Cnide, qui se basait sur le té-
moignage de Symnias, que les Ichthyophages n'avaient
pas de puits et ne buvaient jamais. Malgré le respect
dû à Diodore, je ne puis m'empêcher de croire que
Symnias ait été mystifié par une peuplade qui ne se
souciait pas de lui montrer où elle prenait son eau.
Les anciens n'étaient que trop crédules : ils voyaient
partout des miracles et des prodiges. Une critique plus
sévère eût fait sentir à Agatharchidès de Cnide et à
Diodore que les puits sont le trésor des Africains et le
secret de leur indépendance ; que, dès lors, le plus
simple bon sens les engage à n'en pas divulguer l'em-
placement, et à éluder à cet égard les questions indis-
crètes des voyageurs, qui pourraient souvent être des
espions et des ennemis.

Les Touaregs recouvrent souvent l'étroit orifice de
leurs puits de quelques branches d'arbre, y étendent
une peau de bœuf ou de chameau, et recouvrent le
tout d'un peu de sable. Un chameau altéré évente
quelquefois leur secret, en venant gratter avec ses genoux les abords du puits ; mais si l'aiguade n'est pas
découverte par l'ennemi, et qu'elle se trouve dans le
voisinage de son territoire, elle permet au Touareg,
qui en est le maître, d'entreprendre les plus hardis

coups de main, de s'embusquer dans le Désert, et d'y séjourner, sans avoir jamais besoin de paraître à des puits où il pourrait être saisi et tué, où il serait tout au moins reconnu et signalé.

Toutes les eaux du Désert sont d'ailleurs loin d'être connues ; l'Arabe ne s'éloigne pas de ses pâturages, et, en voyage, il suit toujours la même route. Les parties inhabitées du Sahara, du désert de Libye, sont rarement traversées, et le nomade ne s'y hasarde guère que lorsque le gibier qu'il a longtemps poursuivi lui semble y avoir cherché un refuge ; alors souvent, entraîné sur les traces d'une antilope ou d'une girafe, il les suit jusqu'à quelque mare d'eau où est venu s'abreuver le gibier qu'il cherchait ; il donnera alors à l'aiguade nouvelle le nom de l'animal qui, par sa fuite, en a amené la découverte. Le Désert est rempli de puits appelés puits de la gazelle, de l'autruche, de la girafe ; quelquefois aussi puits du chameau, du mouton, du taureau : dans ce cas, c'est l'un de ces animaux domestiques qui s'est égaré, et qui, après avoir suivi son maître à la piste pendant plusieurs jours, le retrouve auprès d'une source ou d'une flaque d'eau vers laquelle son instinct l'a merveilleusement conduit.

L'eau de ces puits est en général saumâtre ou corrompue ; tantôt elle provient d'un sol imprégné de sel gemme, de natron, de sels de magnésie et de chaux ; tantôt elle a séjourné longtemps sur le sol, exposée au plus ardent soleil ; les débris des moucherons et des insectes qui en fréquentaient les bords en remplissent le fond et s'y décomposent ; les ordures des bestiaux, qui viennent y boire, ajoutent à l'infection générale ;

l'eau est verdâtre ou noire, gluante et visqueuse ; son odeur est repoussante, son goût âcre ou fade. Dans les puits, elle est souvent amère, et purge cruellement les malheureux réduits à en faire usage ; dans les mares, elle affecte davantage l'odorat, et elle agit parfois sur l'économie de la même façon que les substances corrompues : c'est, en un mot, un véritable poison septique. En général, cependant, les conséquences de son ingestion ne sont pas très-graves, et l'usage prolongé qu'on en ferait amènerait seul des accidents sérieux. Les Arabes, qui n'en boivent pas souvent d'autre, ont une grande prédisposition au scorbut, aux maladies scrofuleuses et aux diverses affections du foie. Un fait assez remarquable, c'est que les chameaux, chez lesquels du reste l'hépatite est si fréquente, préfèrent cette eau trouble et infecte à celle si limpide et si inoffensive du Nil ; ils boivent toujours une moindre quantité d'eau lorsqu'ils atteignent les bords de ce fleuve que lorsqu'ils s'arrêtent aux puits les plus corrompus du Désert. Peut-être est-ce, du reste, la salure même de l'eau qui augmente leur soif. Je n'exprime à cet égard quelque doute que parce qu'il m'a toujours semblé que les chameaux buvaient cette eau saumâtre avec plaisir.

DEUXIÈME PARTIE.

Moyens de transport.

Buffon a dit des chameaux qu'ils étaient les navires du Désert ; les Arabes, qui connaissent mieux les chameaux que les navires, disent de ces derniers qu'ils sont les chameaux de la mer.

Il existe, comme on le sait, deux variétés du chameau, le *Camelus bactrianus*, pourvu de deux bosses,
inconnu à l'Afrique, et le *Camelus dromedarius*, à une
seule bosse, très-répandu, du moins de nos jours, dans
cette partie du monde.

Le *Camelus dromedarius*, lui-même, se divise en un
nombre infini de variétés; de même que le cheval, il
est loin de présenter partout la même apparence, de se
distinguer toujours par les mêmes qualités. Nous connaissons tous le cheval anezi, le poney des Shetland,
le cheval des brasseurs de Londres; il existe de même
des chameaux de selle et des chameaux de bât. Les uns
sont rapides et possèdent un trot qui est souvent plus
doux que celui de la mule; les autres sont robustes,
et s'avancent lentement en balançant leurs larges
épaules.

Parmi les chameaux de selle, que je distinguerai dans
ce travail par le nom arabe de *hedjin*, on établit encore
une certaine classification. Le Bédouin du Hedjaz monte
un dromadaire au poil fauve, dont l'allure est douce et
vive, dont le nez rase la terre pendant la marche. Le
Touareg obtient de son *méhari* une vitesse supérieure à
celle des chevaux; il lui fait parcourir d'énormes dis-
tances, et ne lui accorde souvent qu'après quatre ou
cinq journées d'un trot presque continuel un repos
dont cette admirable bête semble à peine éprouver le
besoin. Le pasteur bichary possède un hedjin dont les
formes ont plus d'élégance; son poil est ras, d'ordinaire
blanc ou grisâtre, rarement fauve, quelquefois tacheté
comme celui des girafes; une lèvre inférieure pendante,
des oreilles droites et courtes, un front large et bombé :
des yeux intelligents en forment le caractère distinctif.

Son pied glisse sur le sol, qu'il semble effleurer, rendant ainsi les réactions très-douces, mais le faisant butter quelquefois sur un terrain pierreux ; il ne tombe cependant pas, se laisse facilement conduire, et résisté aux plus grandes fatigues : outre le pas lent et cadencé qu'on ne lui fait guère prendre, il en a un qui lui est propre, et qu'on nomme *pas de hedjin* : c'est l'amble ; sa vitesse est de près de cinq kilomètres à l'heure ; son petit trot et son grand trot, qui est assez dur, ont à peu près la même rapidité que ceux du cheval.

Plein d'obéissance, il comprend la voix de son cavalier, qui le frappe rarement, se montre reconnaissant des bons traitements qu'on lui prodigue, et se venge parfois avec une singulière adresse de ceux qui le maltraitent ou lui enlèvent sa nourriture. J'ai possédé et monté souvent moi-même un dromadaire bichary, dont je n'ai jamais eu qu'à me louer : il avait cependant tué son palefrenier avant de m'être vendu. Cet homme, d'un caractère violent, le frappait sans cesse et lui volait une partie de son grain ; le hedjin attendit l'occasion de se venger ; elle ne tarda pas à se présenter, et un jour que le palefrenier passait à sa portée sans être armé de sa cravache, le hedjin se jeta sur lui, le saisit par sa blouse avec les dents, et, le roulant à terre, lui écrasa la poitrine à coups de pied.

Le vice-roi d'Égypte, qui a peut-être le plus beau haras du monde, est grand amateur des dromadaires : il en possède d'admirables, presque tous achetés dans la péninsule arabique : il ne fait pas autant de cas de ceux des Bicharas ; il est trop bon connaisseur pour que j'ose dire qu'il se trompe. A mes yeux, cependant, le hedjin bichary est le premier de tous.

Ce qui fait le principal mérite du dromadaire de selle, c'est moins encore sa vitesse que la résistance énorme qu'il offre à la fatigue : il en est qui parcourent dans les vingt-quatre heures un espace de cinq journées de marche, et qui, pendant sept et huit jours de suite, peuvent effectuer vingt-cinq à trente lieues. On prétend qu'il existe chez les Touaregs des méhara capables d'en faire bien davantage; les Touaregs le disent et me l'ont assuré à moi-même : je serais néanmoins curieux d'en faire l'épreuve.

Je passai à Tripoli de Barbarie le mois de mai 1849. Nous apprîmes au commencement de ce mois qu'une troupe de Châmba, montés à méhari, avaient enlevé sous les murs de Ghdamès trois cents chameaux appartenant aux Touaregs et gardés par quelques enfants. Douze jours plus tard, on savait à Tripoli que les Touaregs, en tournée au moment de l'enlèvement du troupeau, et dont le retour n'avait eu lieu que quarante-huit heures plus tard, s'étaient dirigés sur le pays des Châmba, et s'étaient rendus maîtres, dans les environs de Ouargla, de cinq cents chameaux, qu'ils avaient déjà conduits à Ghdamès. Ghdamès et Ouargla sont séparés par une distance qui n'est pas moindre de cent lieues. Ainsi, en dix jours, les Touaregs, dont les méhara étaient déjà fatigués, avaient effectué une course de deux cents lieues, pendant la seconde partie de laquelle ils avaient encore dû être retardés par la conduite difficile d'un butin aussi considérable.

On conduit l'hedjin au moyen d'une sorte de licol formé soit d'une corde, soit d'une tresse élégante de cuir, dont une extrémité passe autour de son cou, lui embrasse la partie supérieure du museau, et dont l'autre extrémité se termine par un anneau de fer, de cuivre ou d'argent, que l'on passe, en le bridant, dans l'une de ses narines et que quelquefois on y laisse à demeure.

La selle dont se servent, pour le monter, les Arabes de la péninsule et les nomades du Sahara, ne diffère pas beaucoup de celle des chevaux. On en voit même qui sont pourvues d'étriers; il est cependant beaucoup plus commode et beaucoup plus avantageux de croiser ses jambes en avant du pommeau antérieur de la selle et de les appuyer sur le cou de l'animal, que l'on dirige alors avec les talons de la même manière que l'on dirige un cheval avec les genoux.

La selle nubienne ou *ghabit*, que je trouve préférable à toutes les autres, se place, comme toute selle de chameau, au sommet de la bosse, qu'elle embrasse par deux panneaux garnis de paille, ajustés de façon à s'appuyer franchement sur le dos, en ménageant autant que possible la bosse, dont le sommet doit être, comme le garot du cheval, isolé de tout contact. Sur ces panneaux, les Arabes de la péninsule se contentent de placer un petit coussin et une sorte de housse; plus ingénieux, les Bicharas les surmontent d'un siége un peu concave, élargi dans sa partie antérieure, un peu ouvert dans le milieu, afin de ne pas toucher la bosse, recouvert de cuir, et sur lequel on étend une peau de mouton. Un étroit pommeau de bois répond à l'ouverture des jambes du cavalier; un pommeau semblable est placé à la partie postérieure de la selle, et les Nubiens ont le bon sens de ne jamais terminer ces pommeaux par des pointes de fer, ce que font quelquefois les gens du Hedjaz, et ce qui n'est pas moins incommode que dangereux.

Cette selle est retenue par une sangle, un poitrail, et une courroie, qui passe entre les jambes de derrière et le bas du ventre : il y a rarement une croupière.

Pour monter à hedjin, l'animal étant agenouillé, on saisit la bride, on pose la main droite sur le pommeau de derrière, on passe rapidement la jambe droite, légèrement repliée sur elle-même, par-dessus le pommeau antérieur, en ayant soin que le corps suive ce mouvement, et s'appuyant, pour le compléter, de la main gauche sur le pommeau antérieur; on se trouve alors en selle, et l'on relève le hedjin par un petit coup de bride.

Si l'on n'est pas très exercé, et que l'on ait à craindre que l'hedjin se relève brusquement au moment où l'on cherche à le monter, on peut, avant de passer la jambe droite, appuyer sur le cou le pied gauche, ou, au besoin, faire tenir le pied d'un serviteur sur l'une des jambes de devant de la monture. Il est bon de conserver la main sur les pommeaux au moment où l'animal se relève, et de les y replacer au moment où l'on veut qu'il s'agenouille, ce qu'on obtient en retirant fortement à soi la bride et en produisant avec son gosier un son guttural et rauque, qui indique au dromadaire ce qu'on exige de lui : s'il n'obéissait pas tout de suite, un léger coup de cravache, appliqué sur les jambes de devant, le contraindrait à les plier.

Le hedjin étant en marche, on monte sans l'arrêter en saisissant la bride, amenant sa tête à toucher la terre, posant le pied gauche sur son cou, saisissant le pommeau antérieur de la selle, et ne l'abandonnant que pour passer la jambe droite par-dessus.

On met le hedjin au trot en imprimant à la bride

une légère secousse et en la rendant ensuite, en éle-
vant et serrant les talons, qu'on a croisés sur le cou de
l'animal, en l'excitant enfin par quelques cris ou en
lui appliquant quelques coups de cravache sur le bas-
ventre.

Les armes sont passées dans les courroies de la selle;
on peut attacher le sabre au pommeau de derrière et
le laisser pendre à gauche; une *zemzemieh* (vase en cuir
rempli d'eau) est placée de la même manière du côté
le moins exposé au soleil; on suspend au pommeau
antérieur le *tchibouk*, qu'on fait de temps à autre remplir et allumer, afin d'oublier les ennuis de la route;
on y joint, s'il y a lieu, la *senié* de cuir, repliée sur elle-
même comme un sac, et renfermant le déjeuner (1).

J'ai indiqué les hedjins de Nubie, ceux du Sahara,
ceux de la péninsule. Si je n'en ai pas nommé d'autres,
c'est qu'il n'en existe pas; en effet, si le chameau à
une bosse se retrouve partout, depuis Alep jusqu'au
Sénégal, il ne présente cependant en Syrie, en Égypte,
et dans la plus grande partie de l'Afrique, que ces races
communes et grossières, robustes d'ailleurs, qui rendent tant de services aux caravanes. Le chameau que
l'on rencontre en Égypte y est généralement amené
du Hedjaz; bien nourri et abreuvé tous les jours, il
devient, sur les bords du Nil, beaucoup plus vigoureux
qu'en Arabie; il porte facilement sept et huit quintaux.
Les chameaux du nord de l'Afrique et ceux de Syrie,
dont le régime est assez favorable, portent presque au-

(1) Voyez l'ouvrage intitulé *Du dromadaire considéré comme bête
de somme et comme animal de guerre*, par M. le général Carbuccia;
et le *Régiment des dromadaires à l'armée d'Orient; Emploi des chameaux à la guerre chez les anciens*, par M. Jomard.

tant; mais tous ces animaux, habitués à une alimenta-
tion abondante, ne supportent pas les fatigues du Désert. C'est ainsi que la caravane, qui chaque année se
rend du Caire à la Mecque, perd un nombre considérable de ces animaux, tandis que la caravane de Damas, qui emprunte les siens aux Bédouins de l'Arabie
Pétrée, n'en laisse presque pas sur la route.

Les chameaux élevés par les tribus limitrophes du
Soudan sont peut-être ceux qui résistent le mieux à la
fatigue, à la soif, à la faim : sans cesse soumis à ces
cruelles épreuves, ils sont moins gras que ceux du lit-
toral de la Méditerranée, et, par conséquent, moins
aptes à porter de lourds fardeaux : leur charge ordinaire est de cinq quintaux : pour de longs et pénibles
voyages, comme ceux du Darfour à Siout, on ne leur
en impose guère plus de quatre, et l'on a soin d'emmener un grand nombre d'animaux supplémentaires,
destinés à relayer ceux qui sont blessés ou épuisés de
fatigue, et à remplacer ceux qui meurent.

La vitesse ordinaire des caravanes est d'environ trois
mille cinq cents mètres par heure au commencement
d'un voyage ; elle devient moindre vers la fin.

Selon la saison, les chameaux peuvent rester de trois
à sept jours sans boire et deux jours environ sans
manger ; lorsqu'il s'agit de traverser un désert parfaitement aride, les chameliers emportent un peu de
grain, et en donnent tous les deux jours à leur bétail ;
les Fouriens placent sur leurs chameaux des bâts
bourrés de beaucoup de paille ; cette paille est donnée
en route aux animaux. Les paysans, les gens des villes,
les marchands qui emploient leurs propres chameaux,
les traitent généralement beaucoup mieux que les

Arabes, qui, en possédant un grand nombre, font moins de cas de leur vie.

Les grains qui leur conviennent le mieux sont le maïs, le dourah, le dokhn, les fèves : l'orge ne doit être donnée qu'à défaut de tout autre grain; les dattes ne constituent pas non plus une très-bonne nourriture : le grain est toujours donné le soir, afin que la digestion en soit facile.

Pour préparer les chameaux à un long voyage, lorsqu'on a reconnu qu'ils sont à même d'en supporter les fatigues, on commence, quatre ou cinq jours avant le départ, par les purger, en leur faisant avaler de force quelques litres de *mérissa* : on leur fournit autant que possible des aliments verts, du trèfle, par exemple, et on leur donne le soir du grain concassé, humecté et mélangé d'un peu de sel. Cette nourriture, appelée *dericha*, augmente leur appétit : on a soin en même temps de les laisser trois à quatre jours sans boire et de ne les conduire à l'eau que le jour même du départ, dont l'instant a été fixé à trois heures de l'après-midi : c'est ainsi, pendant la grande chaleur du jour, qu'on leur permet de s'abreuver; ils boivent alors beaucoup, et peuvent dès lors atteindre, sans souffrir de la soif, le premier puits de la route, situé à trois, quatre ou cinq journées de distance.

Pour préserver les chameaux de la gale et fermer au contact de l'air et aux atteintes des insectes les plaies qu'ils peuvent avoir, on les enduit légèrement de goudron. A la suite du voyage, leur embonpoint a disparu; leur bosse, qui, avant leur départ, balançait mollement sa masse arrondie sur leurs épaules, se laisse tout au plus deviner.

L'animal est presque usé ; il ne saurait repartir tout de suite ; il faut quelques jours, souvent deux ou trois mois, pour le refaire ; s'il est vieux, il ne se refera même jamais, et dès lors il a perdu la presque totalité de sa valeur. Cet épuisement des animaux de transport par le voyage élève singulièrement le prix de leur location ; ainsi, dans le Kordofan, où un chameau ne vaut que vingt-cinq francs, il faut payer vingt francs pour en louer un de Lobeid à Dongola, voyage de quinze à dix-huit journées. On ne transporte pas une charge du Darfour à Siout à moins d'une location double de la valeur d'un chameau ; il peut arriver, en effet, qu'il en meure deux ou trois sous une même charge, et, arrivés à Siout, on trouve difficilement à les vendre plus de sept ou huit francs. Quant à s'en servir pour le retour, on ne doit généralement pas y penser.

Le chameau, d'ailleurs, est plus délicat qu'on ne le suppose ; la moindre écorchure dégénère bientôt en une plaie qui le met hors de service ; il est très-sujet aux maladies du foie, qui sont une cause de mort assez rapide : souvent un ver particulier se loge dans la partie inférieure de son poitrail, et lui cause de cruelles douleurs, qui, le plus souvent aussi, se terminent par la mort. Il a de plus à craindre, dans le Désert, un reptile très-petit, que je n'ai pas été à même de voir, qui le pique sous le pied, et dont le venin le fait périr en quelques minutes : dès qu'un reptile de cette nature est signalé dans un pâturage, celui-ci est à l'instant même abandonné par les Arabes.

Vers le 10e degré de latitude nord, il existe, sur les bords du fleuve Blanc, une mouche, nommée en sennarais *yohara*, dont la piqûre est mortelle pour les bestiaux et seulement très-douloureuse pour les hommes : cet insecte a occasionné parmi les Arabes du Soudan plus de migrations que toutes leurs guerres. Les Gallas l'appellent *tseu* (tsetsé), d'un verbe qui, m'a-t-on dit, signifie *piquer* (1). On m'a assuré qu'il y en avait deux espèces : la petite, qui est la plus dangereuse, est de la longueur d'une mouche ordinaire ; elle est rouge et jaune : la grande, plus longue qu'une guêpe, est brune : l'une et l'autre espèce sont munies d'un suçoir, ou trompe, comme les moustiques. Elles se tiennent pendant l'été sur les arbres, et se jettent de là par essaims sur les bestiaux, qui ne tardent pas à succomber à l'action énergique de leur venin. L'ammoniaque en arrête chez l'homme toutes les suites ; d'ailleurs elles ne l'attaquent pas avec autant d'ardeur que les chameaux ou les moutons.

Diodore de Sicile en avait eu connaissance. Voici ce qu'il dit en parlant des Rhizophages, dont le pays était situé au-dessus de l'Égypte, sur les bords du fleuve Asa :

« Au commencement des jours caniculaires, l'air devient fort agité par les vents ; alors on voit dans le pays une quantité énorme d'insectes volants beaucoup plus forts que toutes les mouches que nous connaissons : les hommes savent les éviter en se retirant dans les marécages ; mais, quant aux lions, ils prennent la fuite. »

Le Désert a aussi ses fables : à côté de ces périls réels, les Arabes en craignent d'autres qui sont purement imaginaires. Il existe, disent-ils, un serpent

(1) Voir, sur la mouche *tsetsé*, le *Bulletin*, t. IV de la 4ᵉ série, p. 374, et le numéro de mars 1853, p. 186.

dont le venin lancé sur les chameaux les tue à l'instant même; ce serpent, qui ne sort de son trou que la nuit, se guide au moyen d'un diamant lumineux qu'il roule devant lui avec sa bouche; le chameau, qui aperçoit ce diamant, s'efforce de le couvrir de sable; il est sauvé s'il y parvient; le serpent n'y voit plus, et, comme son existence est liée à la possession du diamant, il ne tarde pas à expirer.

Il arrive souvent, dans un pâturage, qu'un chameau se casse la jambe; il est facile, en général, d'apprécier les causes de cet accident; mais les Arabes ne s'en donnent pas la peine; ils l'attribuent toujours à la chute d'une étoile filante, d'un bolide : il a pu sans doute arriver une fois entre mille qu'une de ces masses de fer embrasé tombât exactement sur le pied d'un chameau et le brisât, comme ferait une bombe dont la mèche serait éteinte; mais il est absurde d'attribuer quelque fréquence à un fait aussi prodigieux.

TROISIÈME PARTIE.

Caravanes.

Chaque caravane reconnaît un chef que tantôt elle choisit et qui tantôt lui est imposé par l'autorité locale. Les caravanes qui se rendent de Damas ou du Caire à la Mecque y conduisent de riches présents et réclament une puissante escorte. Le chef se trouve dès lors être un colonel ou un général. Disposant de la force armée, il maintient l'exécution très-stricte de ses ordres : il n'en est pas de même dans les caravanes purement commerciales : le commandement se trouve dévolu au marchand le plus riche ou à celui qui a le plus souvent

suivi la route dans laquelle on s'engage; son autorité
est souvent méconnue : décide-t-il qu'on s'arrêtera
deux jours à tel puits, si la majorité se prononce pour
le départ, il est contraint de se remettre en marche : le
guide est d'ailleurs habituellement payé par une coti-
sation commune; il ne doit, dès lors, pas plus d'obéissance à l'un de ses maîtres qu'à l'autre. Quant aux
contestations qui peuvent s'élever dans le Désert parmi
les caravanistes, le chef de la caravane n'y intervient
qu'officieusement, et réussit rarement à apaiser les
querelles, qui se traduisent souvent par des voies de
fait, et ne se terminent guère que par l'intervention
de la justice au lieu d'arrivée.

Les caravanes sont, en effet, comme les navires et
comme les couvents : le contact perpétuel de gens dont
le caractère et les idées diffèrent entièrement; l'inoc-
cupation et l'ennui qui les portent à s'occuper les uns
des autres, à attacher une importance extrême aux
choses les plus futiles, amènent sans cesse des dissi-
dences que l'irritation produite par les privations et
les fatigues du voyage ne tarde pas à faire dégénérer
en querelles violentes ou en haines profondes. On se
réconcilie quelquefois en arrivant; la joie déborde
alors dans tous les cœurs; n'ayant plus de périls, ni de
longues marches devant soi, on se pardonne ses torts
mutuels, et les distractions qu'offre un pays nouveau,
les soins qu'exige le placement des marchandises, ont
bientôt fait oublier toutes les rivalités et toutes les ran-
cunes.

Du peu d'autorité dont dispose le chef de caravane
résulte une foule d'inconvénients : pour peu qu'il se
trouve une quinzaine de marchands, il y en a deux

ou trois au moins qui, se croyant ses égaux ou se prétendant ses supérieurs, ne comprennent pas qu'on l'ait choisi de préférence à eux - mêmes; ils trouvent des objections à tout ce qu'il propose, et ne se soumettent à ce qu'il décide que quand il leur est impossible d'entraîner les autres.

Ces rivalités fâcheuses font oublier les périls au milieu desquels on se trouve. Le conseil le plus sage est rarement suivi; les précautions les plus vulgaires ne sont pas prises; point de garde de nuit, parce que personne ne veut veiller; point d'éclaireurs, parce que personne ne se croit obligé à servir les autres; aucun ordre aux aiguades, aucune justice dans la distribution de l'eau : les premiers arrivés s'en emparent, la gâchent ou la salissent : les derniers arrivés n'en trouvent plus une goutte.

Si l'on est menacé par l'ennemi, chacun ne prend conseil que de lui - même : celui-ci, par une imprudence, attire l'attention ou excite la colère des pillards; celui-là se sauve, et va se cacher dès que l'attaque lui semble imminente, et l'on ne doit pas être surpris, dès lors, si tant de nombreuses caravanes sont détruites et pillées, tandis que, d'un autre côté, l'évidence démontre qu'il est possible à une quarantaine d'hommes bien armés et placés sous les ordres d'un chef intelligent de traverser le Désert sans être entamés ou peut-être même attaqués par les nomades.

L'Arabe, le Touareg, en effet, n'attaquent pas une caravane par point d'honneur et pour en acquérir de la gloire : c'est le pillage qu'ils cherchent, c'est un profit qu'ils veulent, et dès qu'il leur semble que ce profit ne vaudra pas les risques qu'entraîne l'entreprise, ils y renoncent d'eux-mêmes et vont chercher d'autres aventures.

Je n'ai jamais été attaqué moi-même dans le Désert, quoique j'aie été plus d'une fois suivi par le goum, et je ne dois absolument cela qu'à la surveillance continuelle que j'exerçais de jour et de nuit sur le Désert, et dont j'aurai l'occasion de parler plus bas.

Une caravane qui comptait cent vingt hommes et deux cents chameaux fut, dans le Kordofan, il y a quatre ans environ, victime d'une attaque des Beni-Djerar. Je donnerai, sur cet événement, quelques détails qui m'ont été fournis par le seul individu de cette caravane qui ait pu échapper au fer des Arabes : c'est un Turc, du nom d'Abd el-Kader.

Au moment où cette caravane, qui portait de Dongola à Lobeid divers objets de fabrique européenne ou égyptienne et des dattes nubiennes, s'approchait du puits de Way, six cents Arabes Beni-Djerar, montés sur trois cents chameaux, et conduits par un *aguid* des plus hardis, passèrent un peu au sud du même puits, lancés qu'ils étaient à la recherche d'un grand troupeau appartenant aux Arabes Kubabich. Les bergers, qui avaient eu vent de leur approche, venaient de quitter le puits de Way et avaient gagné celui d'Elaï, éloigné de près d'une journée et demie du premier. A peine le goum venait-il de constater leur retraite, que les éclaireurs annoncèrent à l'aguid l'approche de la caravane. L'aguid réunit le goum (car là, comme sous la tente, c'est le chef qui propose et le peuple qui décide), et lui demanda ce qu'il convenait de faire.

L'avis général fut que la caravane passerait au moins trois jours auprès du puits, pour se remettre de ses

fatigues et refaire un peu les chameaux ; qu'on ne cou-
rait aucun risque à en ajourner l'attaque, et qu'il fallait, pour le moment, enlever les moutons, qui se trou-
vaient sans doute au puits d'Elaï.

On se mit donc en marche, et, après une course rapide, on atteignit en quelques heures Elaï. Le troupeau
n'était gardé que par quelques enfants, qui se sauvè-
rent. On lia quatre moutons sur chaque chameau, et
l'on repartit pour Way, où le goum eut soin de s'embusquer à quelque distance de la caravane et derrière
une double colline de sable.

La caravane était plongée dans une sécurité complète. Les marchands imprévoyants qui la composaient
n'avaient pas fait éclairer le Désert. L'ennemi était à
quelques pas, et aucun d'eux ne soupçonnait l'approche du péril.

La veille du jour fixé pour le départ, celui qui la
commandait donna l'ordre de réunir les chameaux
qu'on avait laissés, selon l'usage, paître les arbustes
épineux de la vallée. On les ramena tous, à l'exception
d'un seul, qu'il fut impossible de retrouver. Ce chameau appartenait à un marchand qui, craignant de le
perdre, et voyant la nuit approcher, commanda à son
esclave d'en rechercher les traces et de les suivre.

Sur le sol foulé par tant de chameaux et d'hommes,
l'esclave retrouva les traces du chameau de son maître :
elles le conduisirent, en droite ligne, au campement
des Beni-Djerar, qui, sans doute, s'en étaient em-
parés ; ils virent l'esclave, et se saisirent de lui. Le
temps s'écoulait sans apporter de nouvelles. Le marchand voulait suivre la route qu'avait prise son esclave.
Abd-el-Kader, de qui je tiens ces faits, l'en détourna,

et s'offrit à faire quelques recherches de ce côté.

Il partit, gravit une colline de sable, traversa une étroite vallée, gravit une seconde colline, et, du milieu de la nuit la plus sombre, vit tout à coup briller devant ses yeux les feux allumés par les Beni-Djerar : l'obscurité le protégeait; il put s'arrêter un instant; il compta les feux et les hommes, et, tout ému de ce qu'il venait de voir, regagna en toute hâte le campement de sa caravane.

Les marchands prenaient leur repas ; il les réunit, leur fit part de ce qu'il avait vu, et les invita à en délibérer de suite.

Cette question fut alors posée : Partirons-nous cette nuit, ou attendrons-nous pour charger qu'il fasse jour? Il eût mieux valu, selon moi, adopter le premier parti, et j'eusse contraint la caravane de le prendre.

L'objection qui fut faite, et qui engagea à remettre le départ au lever du soleil, était que, lorsqu'on chargerait les chameaux, ils ne manqueraient pas de grogner, et que, dès lors, le départ serait éventé par l'ennemi.

Cela était vrai ; mais les Beni-Djerar dormaient; il leur fallait s'éveiller, réunir leurs chameaux. Tout cela demandait du temps, et, une fois en marche, outre que la caravane pouvait changer de route, et qu'il devenait difficile de suivre ses traces pendant la nuit, elle pouvait offrir une résistance bien plus sérieuse que pendant la longue et difficile opération du chargement, qui ne pouvait manquer d'être interrompue le lendemain.

Au point du jour, en effet, comme les chameliers s'occupaient de ce travail, cent chameaux montés par deux cents hommes débouchèrent dans la vallée. Les

hommes sautèrent à bas de leurs montures, et se diri-
gèrent en courant vers la caravane. Ceux qui la composaient, croyant qu'ils n'auraient pas d'autres ennemis à combattre, tentèrent quelque résistance. Des
coups de fusil furent même tirés par eux sur les Arabes,
qui, selon leur usage, n'étaient armés que de lances ;
mais, tout d'un coup, et au moment où la caravane
reprenait un peu de confiance, cent chameaux d'un
côté et autant de l'autre vinrent encore jeter autour
d'elle quatre cents hommes : ce fut alors une terreur,
une angoisse impossible à décrire. Cernés par les Beni-
Djerar, les marchands, les chameliers, furent massa-
crés en quelques secondes : Abd-el-Kader, seul, n'ayant
reçu aucune blessure, s'était jeté à terre et faisait le
mort. Un Arabe le piqua de sa lance, et, au mouvement qu'il fit, reconnut qu'il vivait encore ; d'autres le
saisirent et le conduisirent à l'aguid.

La boucherie était terminée ; mais l'aguid, affriandé
par l'odeur du sang, proposa d'attacher le malheureux
à un arbre, et, pour passer le temps, de le tuer à coups
de javelots : il fut lié, et, sur un signe du chef, on com-
mença ; mais, par un hasard singulier, et qu'il qualifiait
de miracle, dix ou douze lances vinrent successivement
effleurer Abd-el-Kader sans l'atteindre. « Décidément,
s'écria l'aguid stupéfait, tu as la vie dure, ou Dieu ne
veut pas que tu meures; sois libre et va où il te plaira.»
On le délia et on le dépouilla de ses vêtements : il se
trouvait libre, mais au milieu du Désert, sans chemise
et sans nourriture. « Eh bien, lui dit l'aguid, tu ne t'en
vas pas ? Qu'attends-tu encore ? — Où veux-tu que j'aille ?
répondit Abd-el-Kader ; où sont mes provisions ? Ai-je
seulement une outre pour emporter de l'eau ? »

La générosité de l'aguid était malheureusement à la hauteur de sa philanthropie : les Arabes se partageaient, au même moment, les couffes de dattes prises aux Djellabs, et, afin d'égaliser les parts, ils comptaient patiemment les dattes une à une.

Leur chef en prit trente, les remit à Abd-el-Kader, et, avisant une petite outre qui ne lui paraissait pas en trop bon état, il l'ajouta à ce présent. « Va maintenant, dit-il, et que Dieu te conduise. » Abd-el-Kader, incertain de la route qu'il devait suivre, et que rien n'indiquait à son inexpérience du Désert, se rapprocha du puits pour y remplir son outre : il s'aperçut alors qu'elle était percée : c'est en vain qu'il en eût demandé une autre ; il résolut donc de ne pas quitter les bords du puits. Le soir, les Beni-Djerar avaient disparu, et cet infortuné, sans pouvoir apaiser sa faim, avait mangé ses trente dattes : heureusement la ravine qui conduisait au puits était couverte de ces arbustes épineux appelés *sidr* par les Arabes, et *Rhammus lotus* par les botanistes. Le fruit du sidr formait la nourriture des Lotophages. Les Arabes, qui donnent à cette petite baie le nom de *nabak*, en font encore usage. Abd-el-Kader dut se résigner à cette manne que le ciel semblait lui envoyer ; mais il est à croire que, comme les Israélites, il eût préféré varier un peu sa nourriture. Toujours est-il qu'après quinze jours de ce régime, il ne pouvait plus se tenir sur ses jambes, et venait de se retirer dans une anfractuosité de rocher, dont il avait fait sa demeure, quand un *cawas* turc, accompagné d'un guide arabe, se rendant sur un dromadaire à Lobeid, s'approcha du puits pour y renouveler sa provision d'eau.

Abd-el-Kader, qui n'attendait plus que la mort, les aperçut de loin, et l'espoir revint dans son cœur : il aurait voulu se lever; mais tout ce qu'il avait pu faire avait été de s'étendre : ses bras et ses jambes refusaient le service : il se mit à se plaindre, à gémir, espérant que du moins on l'entendrait et que l'on viendrait à son secours. « Qu'est-ce cela, dit le cawas, que ce grognement étonna ? quelque bête fauve, sans doute ? Dois-je lui envoyer une balle ? demanda-t-il au Bédouin qui le conduisait.

» — Ces cris ressemblent à ceux d'un homme, répondit le guide; je vais du reste savoir ce qui en est; » et, sautant à bas de son dromadaire, il se dirigea vers la caverne.

Abd-el-Kader fut amené par lui sur les bords du puits, ou plutôt de la mare, que je me suis permis, selon l'usage du Désert, de décorer du nom de puits. Le cawas l'invita à partager ses provisions, et je crois qu'il ne se fit pas prier. La journée fut consacrée à enterrer ses compagnons de voyage, dont les corps, desséchés par le soleil, gisaient encore sur le sable rougi de leur sang; et, le lendemain, monté sur le dromadaire du guide, il partait pour Lobeid avec ceux qui venaient de l'arracher à la mort.

Passant au puits de Way en 1850, j'y ai vu le charnier de cette caravane, et j'aurais pu compter les cadavres, dont la plupart étaient à peine entourés et recouverts d'un peu de sable et de quelques pierres qui ne les cachaient pas entièrement à mes regards.

Les caravanes voyagent d'ordinaire pendant le jour. Les chameliers, qu'elles ne payent point assez généreusement pour en obtenir des complaisances, préfèrent s'arrêter pendant la nuit; d'ailleurs on pourrait égarer dans l'obscurité beaucoup d'objets qui, le jour, ne tombent pas sur le sable sans qu'on les aperçoive. On ne s'arrête pas davantage pendant la grande chaleur, parce qu'il faudrait alors charger et décharger deux fois par jour les chameaux, opération qui devient longue et difficile lorsque les marchandises ne se trouvent pas parfaitement empaquetées. Les caravanes n'emploient donc la marche nocturne que lorsqu'elles sont plus particulièrement menacées par le goum : elles s'arrêtent alors au point du jour, dans quelque vallée profonde, et se cachent derrière des rochers; si les pillards ne retrouvent pas leurs traces et n'éventent point la route oblique qu'elles ont parcourue, les caravanes n'ont rien à craindre : les marchands ont d'ailleurs le soin de ne point allumer alors de grands feux, dont la fumée pourrait les trahir, et d'emporter une provision d'eau qui leur permette de ne pas s'approcher des puits signalés comme dangereux.

J'ai dit plus haut comment on devait préparer les chameaux aux fatigues d'une longue route. Quant à ma manière de voyager dans le Désert, la voici :

J'ai soin, autant que possible, de faire coïncider mon départ avec le septième ou le huitième jour du mois lunaire; je puis ainsi profiter, pendant une partie de la nuit, de la clarté de la lune. Ayant quitté le point de départ vers les trois heures de l'après-midi, je ne m'arrête plus qu'au coucher de la lune. Les domestiques m'ont devancé de quelques minutes au lieu désigné pour le campement, et je trouve les tentes établies lorsque j'arrive. Si l'on a trouvé en route un peu de bois ou que, comme dans le Soudan, le lieu où je campe en fournisse beaucoup, on allume les feux, le grain est donné aux chameaux ; je prends mon souper, je règle les tours de veille ; et, si une petite caravane s'est réunie à moi, j'établis deux ou trois postes à quelque distance du campement ; je fais faire des rondes ; je me couche, et je me réveille une ou deux fois pour m'assurer par moi-même que les factionnaires ne se sont point endormis et que tout est tranquille.

Voyageant le plus souvent seul, et n'ayant avec moi que deux guides et sept ou huit domestiques, je n'ai d'ordinaire, pendant la nuit, qu'un poste composé de deux factionnaires. Un homme seul, livré à lui-même, s'endort trop facilement, tandis qu'à deux ils peuvent causer et se raconter des histoires : le sommeil leur vient d'autant moins, qu'ils répondent l'un de l'autre et se surveillent ; mes hommes font donc trois à quatre quarts, les guides en étant exemptés et étant réservés pour les rondes ; l'ascension des étoiles règle les tours de service ; les cuisiniers ont la première faction, et les chameliers la dernière.

Lorsque j'ai plusieurs postes situés à quelque distance les uns des autres, un des chapitres les plus courts du Coran sert de cri de nuit ; de demi-heure en demi-heure, l'un des factionnaires crie le premier verset du *Souret-el-Ikhlass*, du *Souret-en-Nas* ou du *Souret-el-Cafiroun*; le second poste doit répondre par le deuxième verset du même chapitre, et ainsi de suite. On acquiert de cette manière la certitude que les hommes de garde n'étaient pas endormis : il faut, en effet, qu'ils aient entendu distinctement les paroles qui précèdent celles qu'ils ont à dire : il ne suffit pas qu'ils aient été réveillés en sursaut, comme cela n'arrive que trop souvent à des factionnaires qui se hâtent alors de répéter le cri banal qu'on exige d'eux.

Une heure et demie avant le lever du soleil, je donne le signal du chargement et du départ ; une dernière ronde est faite : on charge les animaux ; je prends un léger repas ; les chameaux, chargés, partent, et, après m'être assuré que nous n'avions rien laissé en arrière, je les rejoins avec mon *tutundji* et l'un de mes guides : monté sur un bon hedjin, je les ai bientôt dépassés ; le guide qui les conduisait les abandonne alors, mes traces suffisant à les conduire, et, se portant de côté et d'autre, il reconnaît les abords de la route.

Lorsque j'ai dépassé d'une demi-heure la caravane, je descends ; la *faroua* qui garnit ma selle est étendue à terre ; mon domestique me prépare ma tasse de café, et, au passage de la caravane, mon guide la rejoint pour la diriger ; je passe encore un instant à fumer, et je remonte, pour dépasser mes gens de nouveau, et ainsi de suite. Une heure avant midi, les tentes sont établies ; ma caravane s'arrête ; mon dîner est préparé, et je me repose jusqu'à trois heures : plus la lune doit m'éclairer durant la nuit, moins je voyage de jour ; les animaux marchent mieux la nuit, et, si le Désert leur offre quelques aliments, ils mangent de meilleur appétit pendant le jour.

J'ai du reste souvent souffert de la privation de sommeil, qui est la plus cruelle de toutes : peu à peu je sentais le trouble se mettre dans mes idées : c'est en vain que je parlais avec mes guides, que je chantais, que je descendais pour marcher un peu, que je m'aspergeais le visage d'eau fraîche ; il me semblait bientôt que l'horizon s'élevait autour de moi comme une muraille; le ciel formait, à mes yeux, la voûte immense d'une salle fermée de tout côté; les étoiles n'étaient plus que les milliers de lampes et de lustres destinés à éclairer cette salle; puis mes yeux se fermaient, ma tête se penchait, et, tout d'un coup, sentant que je perdais l'équilibre, je me rattrapais à ma selle, et cherchais, en chantant, à écarter de nouveau l'ennemi qui m'assiégeait sans cesse; bientôt ma voix perdait de sa force; je bégayais, et je retombais dans mon premier état, dont une nouvelle perte d'équilibre me tirait encore.

Ces phénomènes, du reste, ne se présentent guère qu'après deux ou trois nuits blanches : la privation continue du sommeil finit même par irriter le sang au point qu'il devient impossible de s'endormir. Ce fait m'est arrivé en Égypte : après trois nuits passées en marche, je croyais devoir goûter le plus paisible sommeil; il n'en fut rien cependant, et, quoique mon appétit et ma santé fussent des meilleurs, je ne pus fermer l'œil ni le jour ni la nuit de mon arrivée. J'eus soin, le lendemain, d'aller au bain pour calmer l'irritation du sang, et l'effet désiré se fit si peu attendre que, me trouvant très-bien dans la salle où j'étais rentré pour me vêtir, j'y dormis sans interruption jusqu'au coucher du soleil. Un de mes domestiques, moins endurci à la fatigue, ayant, pendant la troisième nuit de notre voyage, laissé tomber à terre son *chibouk*, était descendu de son hedjin pour le ramasser. Il y avait environ trois pas à faire; le pauvre diable ne les acheva pas : il s'endormit avant d'avoir atteint ce qu'il cherchait, et, si nous ne nous étions pas aperçus à **temps** de sa disparition, il serait probablement resté là une douzaine d'heures, sans se rappeler ce qu'il y était venu faire.

Le docteur Moreau, de Tours, explique, dans un ouvrage remarquable sur l'emploi du *hachich* dans le traitement des aliénations mentales, que presque toutes les visions et les erreurs d'où découle la folie se produisent dans l'état de demi-sommeil. Je confirmerai ici cette remarquable observation par le récit de deux faits qui me sont personnels.

Me trouvant une nuit près du fleuve Blanc, dans le Désert, et sommeillant à demi, j'entendis distinctement le rugissement d'une hyène : il me sembla tirer de mes *fontes* un pistolet, ajuster l'hyène, tirer, et la voir rouler sur le sable. D'autres idées vinrent m'assaillir ; mais l'illusion avait été complète. Côtoyant un instant après mon guide, je lui dis : « As-tu vu comment j'ai tué l'hyène ? — J'ai bien vu l'hyène se sauver, me répondit-il ; mais je ne t'ai pas vu la tuer ; comment l'aurais-tu fait sans tirer sur elle ? — Comment ! lui dis-je ; n'ai-je pas tiré un coup de pistolet ? — C'est le sommeil, dit-il en riant : regarde tes pistolets. » Je les tirai de la fonte, et les trouvai chargés l'un et l'autre.

Une autre fois, marchant, vers le matin, un peu en avant de ma caravane, il m'arriva de faire un faux mouvement, qui, agissant sur la bride, obligea mon hedjin à se retourner. La perte d'équilibre qui résulta de ce mouvement brusque me fit ouvrir les yeux, et j'aperçus alors ma petite caravane qui marchait directement vers moi : je ne la reconnus pas d'abord : la position de mon hedjin me fit croire qu'elle me croisait en chemin. « Hé ! leur criai-je, soyez les bienvenus, les voyageurs ; le salut soit sur vous. D'où venez-vous ainsi ? — Nous sommes tes domestiques, » répondit celui qui s'était le plus rapproché de moi. Je vis qu'il avait raison, et j'achevai de m'éveiller.

Les Arabes dorment souvent sur leurs chameaux ; ils se tapissent entre les ballots de marchandises, assurent leur corps contre la chute, et goûtent le sommeil le plus paisible, malgré les secousses qui les ébranlent, le frottement des cordes ou le choc des caisses qui leur servent de lit.

Le *takht-rahwan* est assez commode à cet égard ; mais il est moins usité en Afrique qu'en Asie ; et d'ailleurs, quoi qu'en disent les Turcs, il convient mieux à des femmes qu'à des hommes, qui doivent, avant tout en voyage donner à leurs domestiques l'exemple de la résistance à la fatigue et au sommeil.

Le takht-rahwan est, comme on le sait, un coffre carré de six pieds de longueur sur quatre de haut, percé de nombreux vasistas, et dont la porte, placée sur le côté, est atteinte au moyen d'un marchepied. On y étend de petits matelas, des tapis ; on peut s'y asseoir et s'y coucher, et, avec un peu d'adresse, on peut y fumer le *narguileh*, ce qui, en voyage, est une grande consolation.

Le takht-rahwan est porté, comme une litière, par deux mules ou deux chameaux, dont le dos reçoit un bât particulier, décoré généralement, à profusion, de plumes d'autruche, de plaques de cuivre, de petits drapeaux.

La *chébrié* est usitée en Afrique : celle du Soudan est une sorte de berceau placé au-dessus de la bosse du

chameau ; elle est faite d'un bois flexible, ressemblant
à l'osier, couverte, à son sommet, d'une toile, d'une
natte, d'une peau de bœuf ou de mouton ; très-courte
et très-étroite, elle ne peut guère recevoir qu'une personne : le nomade y fait placer sa femme, ses enfants
trop petits pour marcher, et conduit lui-même, par la
bride, l'animal qui transporte ainsi sa famille.

La chébrié de l'Hedjaz est d'une autre nature : elle
se compose de deux compartiments longs d'environ
quatre pieds, larges de deux et élevés de trois. Les
deux compartiments se placent à hauteur du bât, dont
ils couvrent les deux côtés, et se lient ensemble, de
manière à former un coffre total dont la largeur égale
à peu près la longueur : la saillie du bât empêche
néanmoins de s'y étendre dans la première de ces di-
rections ou même en travers. Le bois qui forme lefond
et les coins de ces chébriés est solide et pesant ; le
sommet, qui est plus léger, est couvert d'une toile sur
laquelle, pour se garantir, autant que possible, de l'ardeur du soleil, on étend quelquefois des tapis.

Je n'ai essayé ce mode de transport qu'en me rendant du Caire à Jérusalem. J'avais acheté une chébrié
pour que deux personnes de ma suite effectuassent
plus commodément le voyage ; j'y ai deux ou trois fois
pris place moi-même ; mais les secousses horriblement
dures de cette machine tanguante et roulante en fai-
saient plutôt un instrument de torture qu'un lieu de
repos, et je m'en suis très-promptement dégoûté, non
sans quelques bosses à la tête et quelques écorchures
produites par des clous mal rivés.

Je ne voyageais du reste alors qu'avec des animaux
de louage, et je n'aurais pas, dans le Soudan, imposé

à mes propres chameaux un fardeau qui, tout en étant moins lourd que leur charge ordinaire, les fatigue néanmoins beaucoup plus et les met quelquefois hors de service par les blessures qui résultent pour eux de son mouvement continuel de va-et-vient.

Ce qui rend la traversée du Désert assez confortable, c'est la facilité que l'on a d'emporter sur les chameaux tout ce dont on peut avoir besoin. On voyage, pour ainsi dire, avec sa maison ; on a de grandes et bonnes tentes, son lit, son divan, ses coussins, ses tapis et ses nattes ; on a sa bibliothèque et sa cave, des provisions abondantes, de solides et larges fourneaux : rien n'empêche d'avoir, comme dans les villes, sept ou huit plats sur la *senie* à chacun de ses repas : l'eau est saumâtre ; mais il est facile d'emporter de l'*ale* ou d'emmener avec soi une chamelle, qu'on abreuve souvent, et qui fournit chaque jour plus de lait qu'on ne peut en consommer avec ses domestiques.

Paris. — Imprimerie de L. MARTINET, rue et hôtel Mignon, 2.